Repasse sur les pointillés avec ton feutre
et termine de dessiner le château.

Aide cette princesse à retrouver ses amies.
Guide-la à travers le labyrinthe.

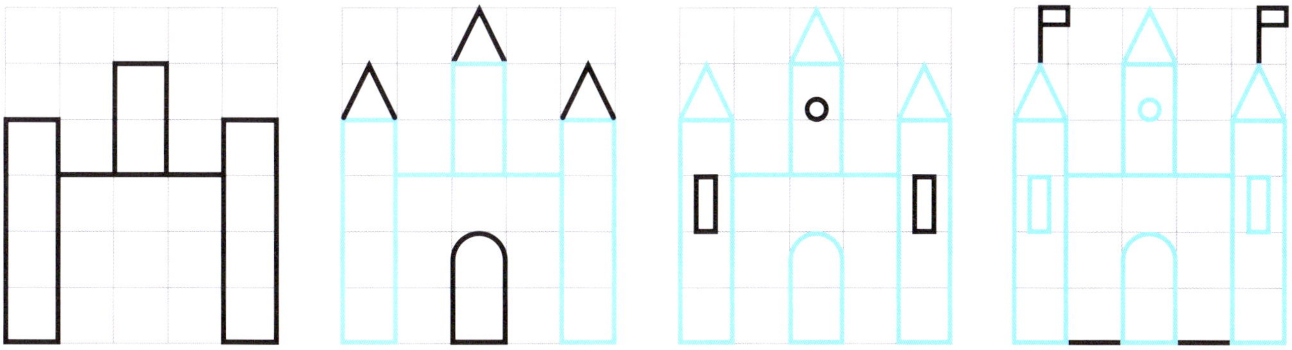

Peux-tu dessiner un château en 4 étapes ?
Regarde bien l'exemple. Le quadrillage est là pour t'aider.

Combien de groupes comptes-tu ?

Forme des groupes de 3 couronnes.
Combien de groupes comptes-tu ? Colorie le bon nombre de bulles.

Quel est l’animal préféré de cette princesse ?
Repasse sur les pointillés pour le découvrir.

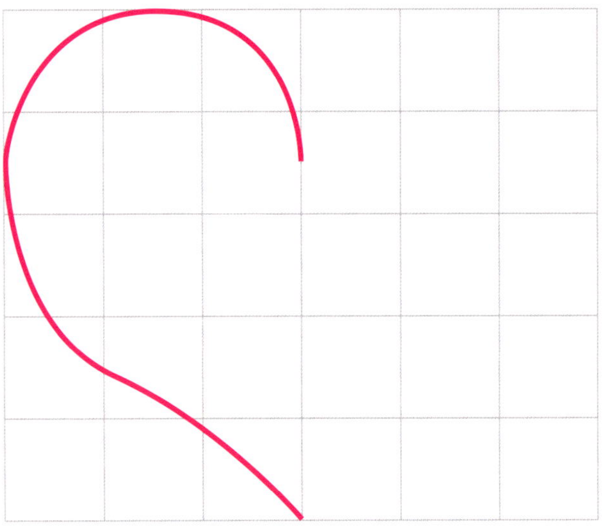

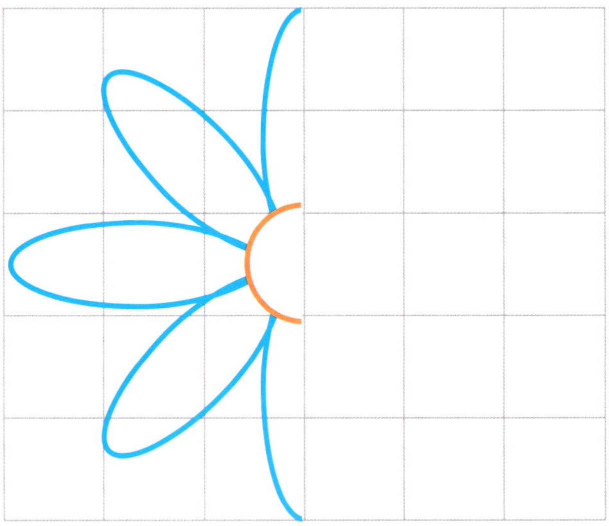

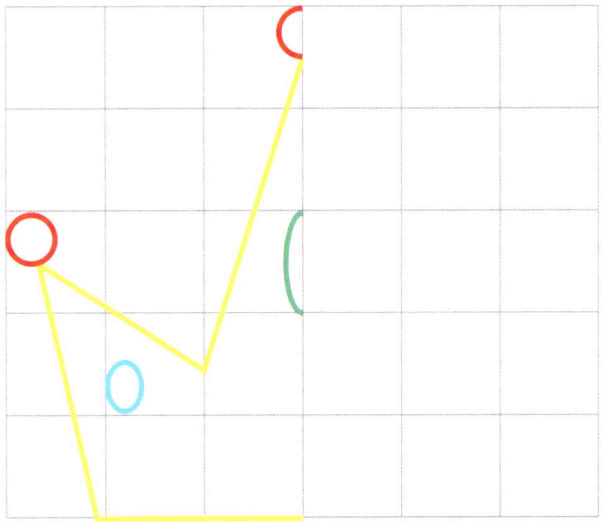

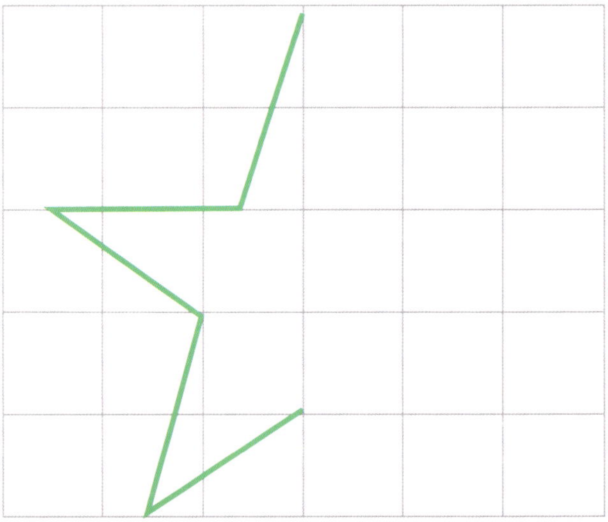

Regarde attentivement l'exemple
et dessine l'autre moitié de ces figures.

Ce soir, la princesse Émilia va au bal. Décore sa robe en repassant sur les pointillés et dessine aussi d'autres motifs.

Guide le chevalier jusqu'au château. Mais attention !
En chemin, il ne peut rencontrer aucun dragon.

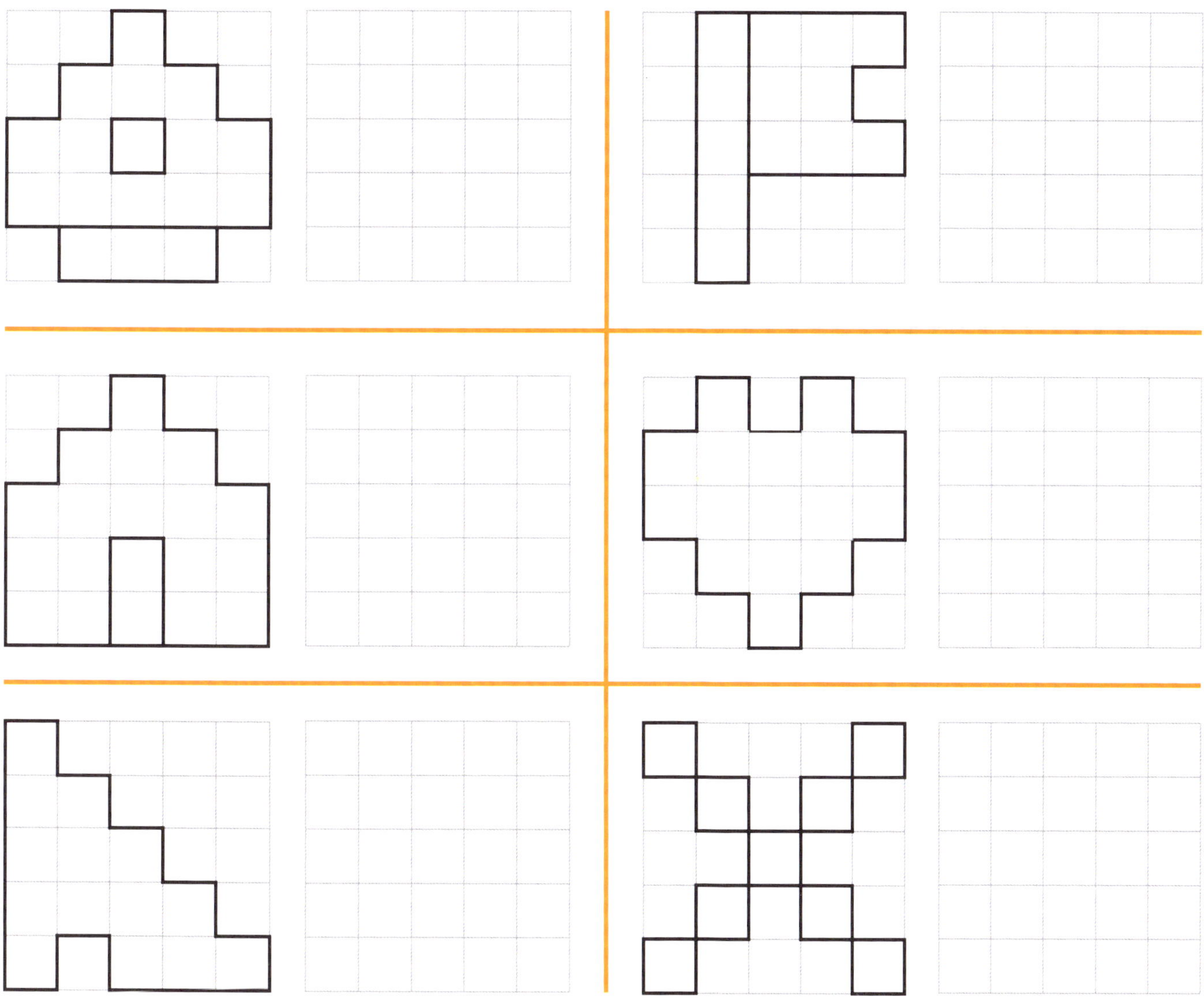

Regarde attentivement chaque quadrillage
et redessine la forme dans la grille à côté.

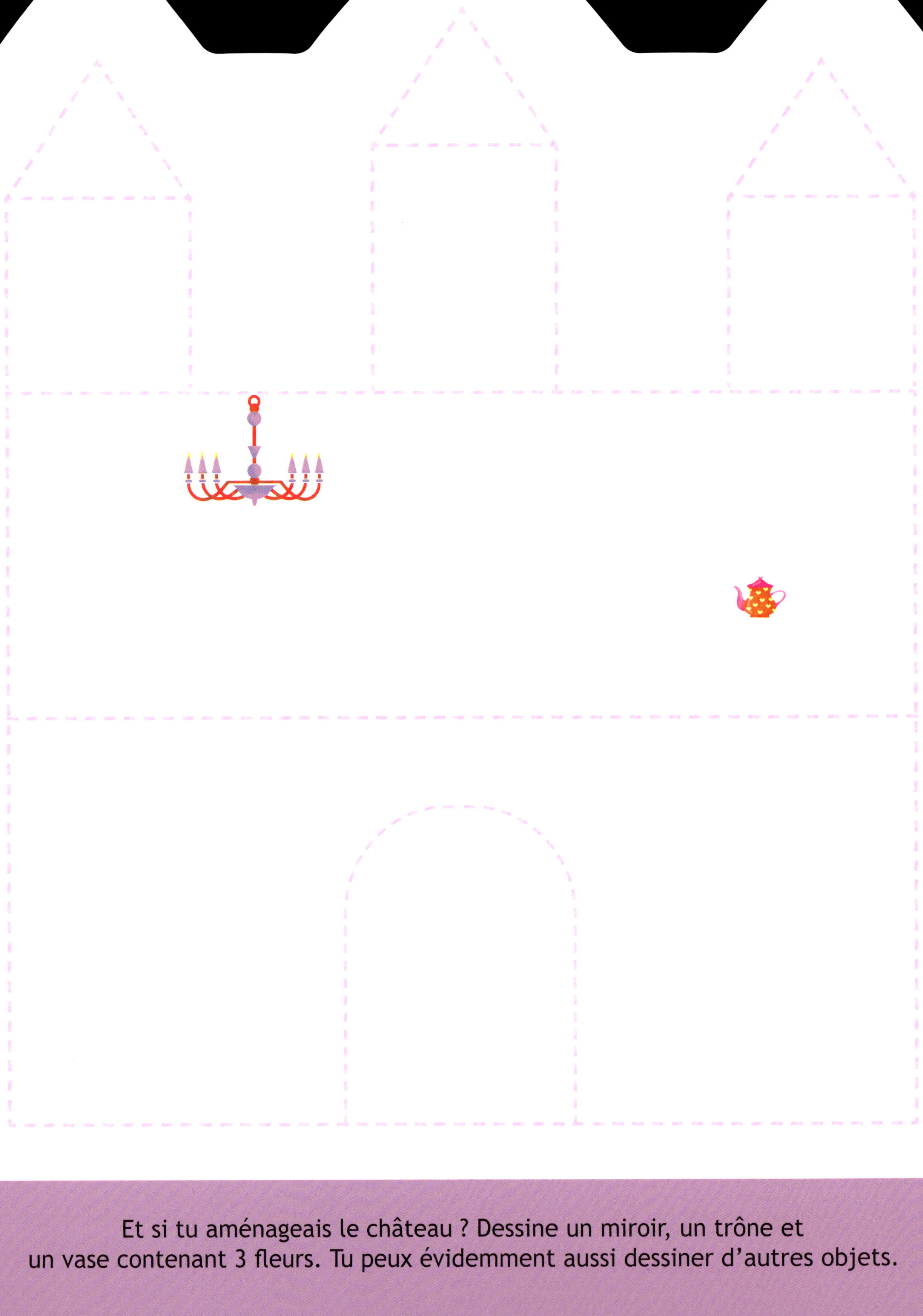

Et si tu aménageais le château ? Dessine un miroir, un trône et un vase contenant 3 fleurs. Tu peux évidemment aussi dessiner d’autres objets.

La princesse Lili adore ses animaux de compagnie.
Suis leurs déplacements en repassant sur les pointillés avec ton feutre.

Ce prince doit protéger le château d'un grand méchant monstre.
Dessine-le ici !

Peux-tu dessiner un dragon en 4 étapes ?
Regarde bien l'exemple. Le quadrillage est là pour t'aider.

Combien de groupes comptes-tu ?

Forme des groupes de 5 grenouilles. Combien de groupes comptes-tu ?
Colorie le bon nombre de bulles.

Dessine le feu d'artifice au-dessus du château
en repassant sur les pointillés.

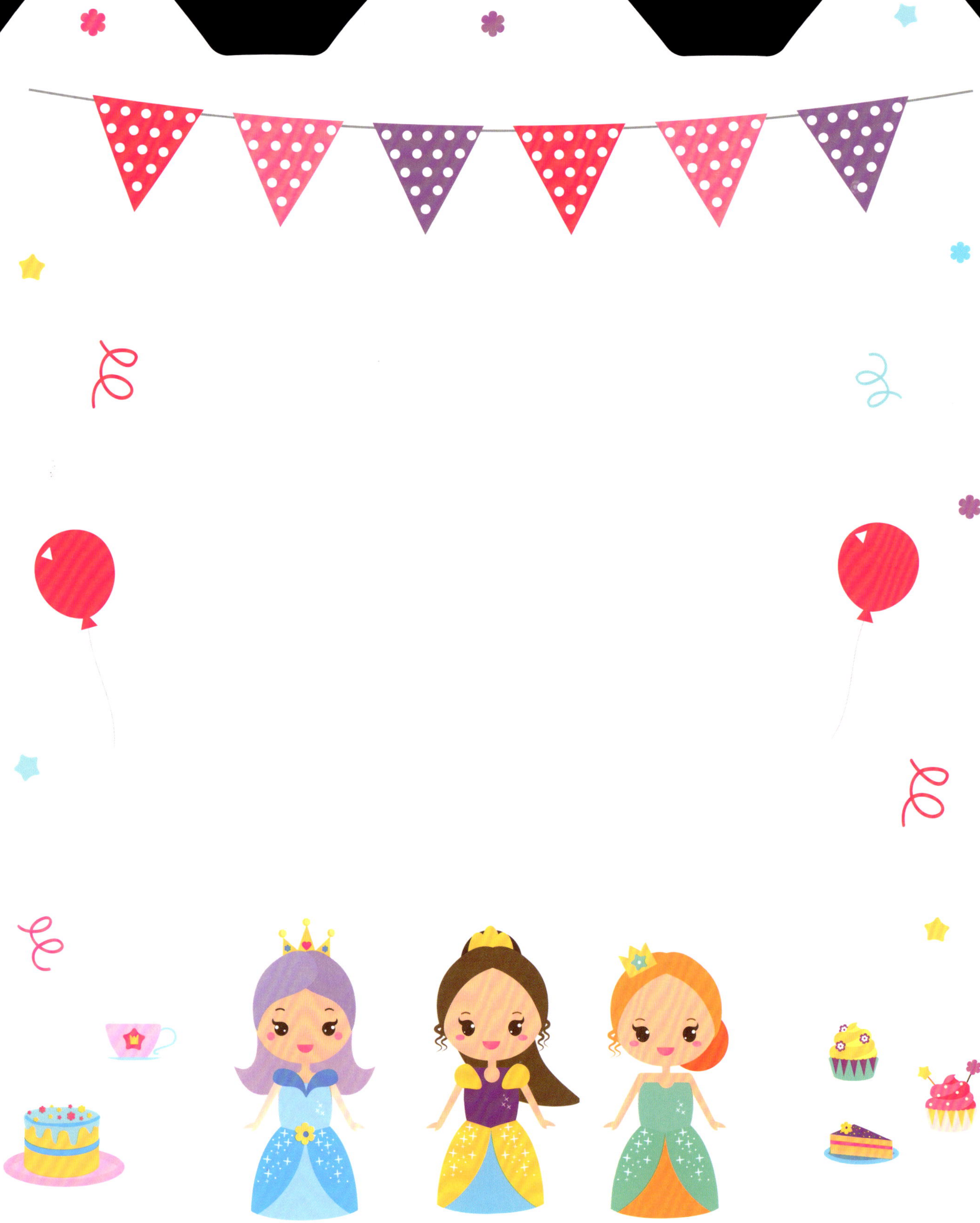

C’est la fête au château !
Et si tu dessinais des gâteaux et des décorations ?

Ce chevalier a perdu son équipement.
Aide-le en recopiant les dessins. Regarde bien l’exemple.

Je dessine et je joue

Au château

Ce livre contient 18 jeux d'écriture, de calcul et de dessin d
petits curieux qui aiment les chevaliers, les princesses et le
Grâce à ses pages effaçables et à l'aide d'un feutre, votre e
recommencer les exercices autant de fois qu'il le souhaite.

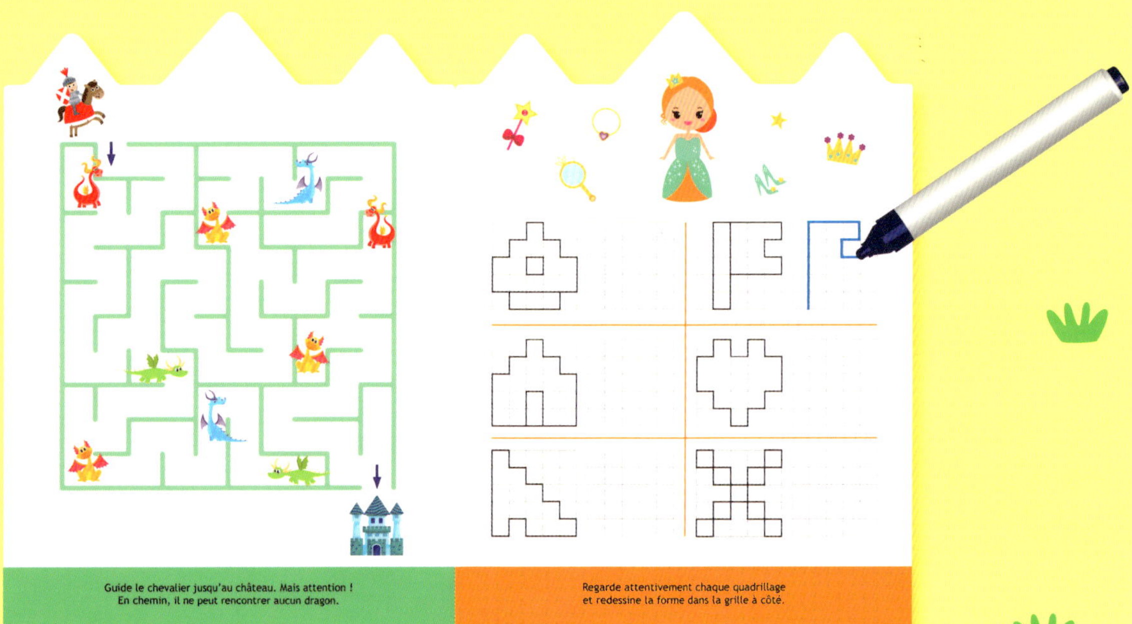

3+
Âge conseillé

Apprendre en jouant

Habileté manuelle

Ballon

F. Rooseveltplaats 12,
B-2060 Anvers, Belgique
www.standaarduitgeverij.be

ISBN 978 94 032 2241 7
D/2021/4969/164
Imprimé en Chine

4,99 € France / prix éditeur
Belgique / prix conseillé

CE

9 789403 222417